民族区域自治制度在西藏的成功实践

（2015 年 9 月）

中华人民共和国
国务院新闻办公室

人民出版社

目　录

前　言

民族区域自治，是中国特色社会主义的一项基本政治制度，是中国解决民族问题的基本政策。

中国的民族区域自治，是指在国家的统一领导下，各少数民族聚居地方实行区域自治，设立自治机关，行使自治权。中国民族自治地方的设立是根据当地民族关系、经济发展等条件，并参酌历史情况而确定的。目前，中国的民族自治地方依据少数民族聚居区人口的多少、面积的大小分为自治区、自治州、自治县三级，行政地位分别相当于省、设区的市和县。

在中国，西藏是一个藏族占多数的民族聚居区，目前总人口317.55万，其中藏族占92%以上；除藏族外，西藏还有汉族、蒙古族、回族、纳西族、怒族、独龙族、门巴族、珞巴族以及僜人、夏尔巴人等40多个民族成分。根据中国宪法，国家在西藏实行民族区域自治制度，建立西藏自治区，并设有门巴、珞巴、纳西等民族乡，依法保障西藏各族人民平等参与管理国家和地方事务的政治权利。

自1959年实行民主改革和1965年实行民族区域自治制度以来，西藏不仅建立起全新的社会主义制度，而且实现了经济社会发展的历史性跨越。西藏成功地走上了与全国各族人民共同团结奋斗、共同平等发展、共同繁荣进步的光明大道。藏民族作为中华民族大家庭的一员,实现了平等参与管理国家事务的权利,成为管理西藏地方社会事务、主宰自己命运的主人,成为西藏社会物质财富、精神财富的创造者和享有者。

虽然西藏自治区从成立至今只有50年,但带来了翻天覆地的巨大变化。今日的西藏,是其历史上最为辉煌的时期。

一、旧西藏的黑暗与落后

直至20世纪50年代，西藏社会依然处于政教合一的封建农奴制统治之下。这种存在了几百年的黑暗制度，扼杀人权，摧残人性，是人类社会最为落后的制度。在这种制度下，人民既无民主权利，也无经济、社会、文化权利，各项基本人权根本得不到保障。旧西藏与现代文明的距离，十分遥远。

在封建农奴制度统治之下，农奴遭受残酷的政治压迫，没有任何人身自由，丧失了基本人权。

旧西藏实行以《十六法典》《十三法典》为代表的法律，对广大农奴实行野蛮压迫。这些《法典》将人分成“三等九级”，大贵族、大活佛和高级官员被认为是天生高贵的人，处于最上等地位，而广大农奴则被划为下等人。命价也有高低不同，上等人“命价为与尸体等重的黄金”，屠夫、铁匠等下等下级的人，“命价仅值一根草绳”。不同等级的人触犯同一刑律，量刑标准和处置方法也不相同。仆人使主人受伤的，要砍掉仆人的手或脚；主人打伤仆人，则不付给任何赔偿费。农奴主和农奴在法律上的地位极其不平等，农奴主拥有对农奴和奴隶的生杀予夺权，他们用剜目、割肉、割舌、断手、剁脚、抽筋、戴铐等野蛮刑罚，来维护对农奴和奴隶的统治。

旧西藏的噶厦政府规定，农奴只能固定在所属领主的庄园土地上，不得擅自离开，绝对禁止逃亡。“人不无主、地不无差”，三大领主强制占有农奴人身，农奴世世代代依附领主，作为土地的附属物束缚在土地上。凡是人力和畜力能种地的，一律得种差地，并支乌拉差役。农奴一旦丧失劳动能力，就收回牲畜、农具、差地，降为奴隶。三大领主还把农奴当作私有财产随意支配，用于赌博、抵债、赠送、转让和买卖。农奴的婚姻必须取得领主的同意，不同领主的农奴婚嫁要缴纳“赎身费”。农奴生小孩要到领主那里缴纳出生税，登记入册，注定终身为奴。农奴如果被迫流落外地谋生，要向原属领主交“人役税”，持交税证明，才不至于被当作逃亡户处理。

1940 年前往主持十四世达赖喇嘛坐床的国民政府蒙藏委员会委员长吴忠信在《奉使办理藏事报告书》中，对旧西藏统治者对人民的压迫以及人民的悲惨痛苦处境有这样的描述：“西藏因地处高寒，农产稀少，人民生活本极困难，而西藏当局压迫剥削更无所不用其极，使藏民生活堕入人间地狱，其苦乃不可言。西藏当局视人民直如奴隶牛马，照例不付代价，即伙食马料亦须由人民自备，而差徭纷繁几无宁日，人民受扰之剧可以想见。政府复可一纸命令无代价的征收人民之财产，或将此种财产赏给寺庙或贵族中之有功者。总之，在西藏境内，人民已失去其生存与自由之保障，其生活之痛苦实非言语所可形容也。”

在封建农奴制度统治之下，农奴没有生产资料，生存权受到严重威胁。

旧西藏，占人口只有5%的三大领主（官家、贵族、寺庙上层僧侣）及其代理人，几乎占有全部的耕地、牧场、森林、山川、河流、河滩以及大部分牲畜，而占人口多达95%的农奴，包括“差巴”（领种份地，向农奴主支差役的人）、“堆穷”（意为冒烟的小户）、“朗生”（一无所有，世代为奴），却不掌握生产资料，遭受残酷的经济剥削。

农奴遭受的第一重剥削是地租。在庄园里，农奴主把土地分成两部分：大部分为农奴主的自营地，一小部分是以奴役性的条件分给农奴耕种的“份地”。农奴为了领得“份地”，必须自带工具和口粮，在农奴主的自营地上无偿服劳役。这些无偿的劳动，就是缴纳给农奴主的劳役地租。而农奴在“份地”里收获的大部分粮食最终又都被领主收走了。“差巴”一年所得不过二三百斤，连糊口都不够，主要靠吃野菜和野草，再掺上一点粮食过日子。除了通过劳役缴纳沉重的地租外，农奴还必须缴纳名目繁多的税费。

农奴遭受的第二重剥削是乌拉差。乌拉差是一种包括徭役、赋税、地（畜）租在内的含义十分广泛的差税总称。旧西藏仅地方政府征收的差税就达200多种。农奴为地方政府和庄园领主所支的差，一般要占农奴户劳动量的50%以上，有的高达70%—80%。乌拉差役又有内、外差之分。内差是农奴向直接依附的领主及其代理人支的差役。外差是农奴给西藏地方政府及其下属机构支的差役。其中农奴负担最重的是运输差。西藏地广人稀,交通不便,各种物资的运输全靠人背畜驮。农奴长年累月跋山涉水为地方政府运输物资,支差之苦正如谚语所言:“靴子无底,牛背无毛。”

农奴遭受的第三重剥削是高利贷。在旧西藏,三大领主都是大大小小的高利贷剥削者。西藏地方政府设有放债机构,放债、收息成为各级官员的行政职责。西藏很多寺庙也参与放债,高利贷盘剥的收入占三大寺总收入的25%—30%。贵族绝大多数也放高利贷,债息在其家庭收入中一般要占15%。农奴为了活命不得不频繁举债,欠债的农奴占农奴总数的90%以上。农奴所负的债务,形式上分为新债、子孙债、连保债、集体摊派债等等。其中1/3以上是子孙债,也称旧债,是祖祖辈辈欠下的。这种债由于利上加利,永远也还不完。

政教合一的封建农奴制度严重阻碍着社会进步。直到1951年和平解放前,西藏没有现代工商业,现代科技、教育、文化、卫生事业几乎是空白,没有一条现代意义上的公路,西藏与外界几乎隔绝;农业生产长期处于原始耕作状态,劳动工具原始简单,牧业基本是自然游牧方式,农牧品种单一且退化,整个生产力水平和社会发展十分低下,社会发育程度极低。

法国旅行家亚历山大·大卫·妮尔在《古老的西藏面对新生的中国》一书中这样描写当时人民的情形:“这些可

怜的人们只能永远待在他们贫瘠的土地上。他们完全失去了一切人的自由,一年更比一年穷。”广大人民没有基本的生存权,更没有发展权。他们被剥夺了受教育的权利,不能学习民族的语言文化,到20世纪50年代时,西藏仅有2000多贵族子弟在旧式官办学校和私塾学习,青壮年文盲率高达95%。广大人民没有经济发展权,三大领主只从农奴那里榨取暴利,却不更新生产工具,农奴没日没夜地劳作,也不能创造更多的社会产品,没有社会再生产的能力。

旧西藏政教合一的封建农奴制度之野蛮、残酷、落后,犹如黑暗的欧洲中世纪。1904年到过拉萨的英国随军记者埃德蒙·坎德勒在《拉萨真面目》中有这样的描述:当时的西藏“人民还停留在中世纪的年代,不仅仅是在他们的政体、宗教方面,在他们的严厉惩罚、巫术、灵童转世以及要经受烈火与沸油的折磨方面是如此,而且在他们日常生活的所有方面也都不例外”。

二、走上发展进步道路

西藏走上民族区域自治道路，经历了和平解放、民主改革和自治区成立三个重要历史发展阶段。这一历史发展过程，是人民翻身解放、实现当家作主的正确选择，符合西藏各族人民的根本利益。

——驱逐帝国主义势力，实现和平解放

1840 年鸦片战争后，帝国主义侵华日甚一日，中国逐步沦为半殖民地半封建社会。中国的西藏地区也遭到了帝国主义的侵略。1888 年和 1904 年，面对英国的侵略，西藏军民进行了英勇的抵抗，但由于清朝政府的腐败、国力的衰落和封建农奴制度的没落，抵抗以失败告终。英国通过强迫当时的清朝政府甚至绕开清朝政府直接胁迫西藏地方政府与其签订不平等条约，在西藏攫取了严重损害中国主权的一系列特权。经济上开设商埠，强行通商，划定江孜、亚东为商埠，常驻英国商务代表，设立固定的官方机构。军事上驻扎军队，在江孜常驻一个连，在亚东常驻一个排。建立由英国人管理、经营并为掠夺服务的基础设施，包括邮电设施和驿站等，长期为英、印人员和少数西藏分裂分子提供服务。

摆脱帝国主义侵略，是西藏各族人民和上层爱国人士的迫切愿望。1949 年 10 月 1 日新中国成立，对西藏人民产生巨大鼓舞，他们热切盼望中央人民政府早日解放西藏，驱逐帝国主义势力。十世班禅于中华人民共和国成立当日，致电毛泽东主席和朱德总司令，表示热忱拥护中央人民政府，请求人民解放军早日解放西藏。1949 年 12 月，遭受亲英势力迫害而逃往内地的原西藏摄政热振活佛的近侍堪布益西楚臣，到青海西宁向人民解放军控诉帝国主义破坏西藏内部团结的罪行，要求迅速解放西藏。著名藏传佛教大师喜饶嘉措在西安发表谈话，谴责帝国主义策划拉萨当局进行所谓“独立”的阴谋。

在中央政府和西藏人民的共同努力下，1951 年 5 月 23 日签订了《中央人民政府和西藏地方政府关于和平解放西藏办法的协议》（简称“十七条协议”）。“十七条协议”第一条便是：“西藏人民团结起来，驱逐帝国主义侵略势力出西藏，西藏人民回到中华人民共和国祖国大家庭中来。”在“十七条协议”中，西藏地方政府也承诺，“积极协助人民解放军进入西藏，巩固国防。”5 月 25 日中央人民政府人民革命军事委员会主席毛泽东发布进军训令，全面拉开进军西藏序幕。西藏各族人民衷心拥护、热烈欢迎人民解放军进藏，支持帮助进藏部队。

中国人民解放军进军西藏，驱逐帝国主义势力出西藏，废除帝国主义强加给西藏人民的不平等条约，是实现包括藏族人民在内的中华民族解放和独立的重大历史事件，自此彻底改变了西藏的历史命运，为实现西藏各族人民翻身当家作主提供了根本保障。

——废除封建农奴制，实现人民翻身作主

20世纪50年代中叶，西藏政教合一的封建农奴制度走到了尽头。1959年3月10日，西藏反动上层为永保政教合一的封建农奴制度不变，公然撕毁“十七条协议”，在拉萨地区发起全面武装叛乱。22日，中共中央发出《关于在西藏平息叛乱中实行民主改革的若干政策问题的指示（草案）》，要求在平息叛乱的战斗中，必须同时坚决地放手发动群众，实行民主改革。28日，周恩来总理发布国务院命令，决定解散西藏地方政府，由西藏自治区筹备委员会行使西藏地方政府职权，由十世班禅额尔德尼代理西藏自治区筹备委员会主任委员职务。与此同时，中央人民政府提出“边平叛边改革”的方针，领导西藏人民掀起了波澜壮阔的民主改革运动。通过民主改革，彻底摧毁了政教合一的封建农奴制度，实现了人民翻身解放，为建立民族区域自治制度，创造了重要社会历史条件。

废除封建农奴制度，建立起人民政权，为在西藏实行民族区域自治，提供了制度条件。到1960年底，全区成立乡级政权1009个，区级政权283个；78个县（包括县级区）和8个专区（市）也成立了人民政权。与此同时，有4400多名翻身农奴和奴隶出身的基层干部成长起来。乡级干部全是藏族，区级干部90%以上是藏族，并且有300多名藏族干部担任了县以上领导职务。

1961 年 4 月,西藏各地乡一级基层普选开始,百万翻身农奴开始行使从来没有过的民主权利。1965 年 8 月,西藏乡县选举工作完成,有 1359 个乡、镇进行了基层选举,有 567 个乡、镇召开了人民代表会议代行人民代表大会职权,西藏大约 92%的地方建立了以翻身农奴和奴隶为主的乡人民政权,54 个县召开了第一届人民代表会议,选出了正副县长,建立了县人民委员会,并选出了人民代表大会代表。

废除农奴主的经济特权,人民成为生产资料的主人,极大地解放了生产力,保障了西藏人民的生存权利,为实行民族区域自治,奠定了物质基础。封建农奴制度不仅侵犯人权,摧残人性,而且严重阻碍社会生产力发展,人民连基本的温饱都没有保障。民主改革中,约 2 万朗生安了家,得到安家粮 504 万斤。民主改革解放和发展了西藏的社会生产力,西藏劳动人民再不受农奴主的沉重差税和高利贷剥削,劳动果实全部留归自己,生产积极性空前高涨。

废除农奴主的宗教特权,打碎了精神枷锁,为实行民族区域自治,提供了思想文化条件。在"政教合一"的制度下,宗教直接掌握在农奴主手中,被异化为实施统治压迫人民的工具。三大领主为了使封建特权神圣化,从精神上奴役人民,凡是与其意志相违背的任何新思想、新文化和科技知识,都被视为异端邪说,禁锢人们的思想,阻碍教育的普及和科学文化的发展。民主改革后,西藏废除一切封建特权,实行宗教信仰自由政策,实行政教分离,宗教不得干预政治、经济、文化和社会生活，人民群众从政教合一的精神枷锁中解放出来。

——成立自治区，走上社会主义道路

实行民族区域自治制度，是西藏广大人民的共同愿望。“十七条协议”中规定：“根据中国人民政治协商会议共同纲领的民族政策，在中央人民政府统一领导之下，西藏人民有实行民族区域自治的权利。”1954 年第一届全国人民代表大会闭幕后，中央政府领导人毛泽东接见十四世达赖和十世班禅，并告诉他们，“今后西藏不成立军政委员会，而直接成立西藏自治区筹备委员会，为实行民族区域自治做准备。”两人均表示同意。之后，根据宪法中关于实行民族区域自治制度的规定，中央着手西藏自治区成立事宜。1954 年 11 月，中央提出了成立西藏自治区筹备委员会的意见。1955 年 3 月，国务院第七次全体会议专题研究了成立西藏自治区筹备委员会和西藏建设的有关问题。此后，中央对西藏自治区筹备委员会的成立进行了具体指导。1956 年 4 月 22 日，西藏自治区筹备委员会成立大会在新落成的拉萨大礼堂隆重举行，包括西藏各地区、各民族、各阶层、各教派和各群众团体在内的 300 多名代表参加或列席了大会，这是西藏历史上第一次有如此广泛代表性的人士欢聚一堂，民主协商、共议大事。十四世达赖为西藏自治区筹备委员会主任委员，十世班禅为西藏自治区筹备委员会第一副主任委员。西藏自治区筹备委员会是一个具有政权性质的协商办事机构，是西藏实行民族区域自治的重要步骤。西藏自治区筹备委员会的成立,使自治区成立工作得到积极推进,但1959年武装叛乱的发生,严重影响了自治区成立工作的进行。平息叛乱后,自治区成立工作得到顺利进行。

1965年9月1日,西藏自治区第一届人民代表大会第一次会议在拉萨开幕。西藏自治区第一届人民代表大会选举产生了西藏自治区机关及其领导人,阿沛·阿旺晋美当选为自治区人民委员会主席,一大批翻身农奴担任了自治区各级政权机关的领导职务。西藏自治区的成立,标志着西藏建立了人民民主政权,开始全面实行民族区域自治制度。自此,西藏人民享有了自主管理本地区事务的权利,走上了发展进步的社会主义道路。

三、符合国情的政治制度

在西藏实行民族区域自治制度，符合中国统一的多民族国家基本国情。

中国是一个统一的多民族国家，除汉族外，还有蒙古、回、藏、维吾尔、壮、朝鲜、满等55个少数民族。中华民族是一个多元一体的大家庭，各民族都对祖国的发展和中华文化的创造作出了贡献。中国各民族的起源和发展有着本土性、多元性、多样性的特点。中国各民族形成和发展的情况虽然各不相同，但总的方向是发展成为统一的多民族国家，汇聚成为统一稳固的中华民族。早在先秦时期，中国先民的“天下”观念和“大一统”理念便已形成。公元前221年，秦朝实现了中国历史上第一次大一统，在全国设郡县加以统治。汉朝（公元前206年—公元220年）及汉以后的历代中央政权发展和巩固了统一的多民族国家的格局。中国历史上虽然出现过短暂的割据局面和局部分裂，但国家统一始终是主流和方向。

西藏自古就是中国的一部分，藏族是中华民族命运共同体的一员。藏族和其他民族的祖先，从远古就生活在西藏高原上，并与中国内地建立了广泛的联系，为中华民族命运共同体的形成与发展作出了重要贡献。自 13 世纪元朝将西藏纳入中央政府行政管辖起，直至 1949 年中华人民共和国成立前，中国历代中央政权在将西藏纳入统一国家的前提下，还采取了“因俗而治”“因事而治”等特殊的政策，在行政建制和治理方式上，采取与全国其他地方有所差异的措施。

元朝（1271—1368 年）时期，中央设置总制院（后改为宣政院），在西藏地区设立宣慰使司都元帅府，中央直接管理西藏军政事务。元朝派军驻扎西藏，在宣慰使司下设 13 个万户府、千户所等机构。元朝在西藏还设立大小驿站，通往大都；派官员入藏进行三次户口清查。元世祖忽必烈任命萨迦派八思巴为帝师。后来噶举派取代萨迦派的地位，元顺帝时封其首领强曲坚赞为“大司徒”。

明朝（1368—1644 年）时期，基本沿袭了元朝对西藏地方的管理制度。在政治上，实施多封众建，给西藏各地宗教领袖封以“法王”“灌顶国师”等名号；在经济上，发展茶马互市，促进西藏与其他地区的贸易和往来；在机构设置上，在今西藏中部和东部设立“乌斯藏行都指挥使司”“朵甘行都指挥使司”，隶属于陕西行都指挥使司，在西部设立“俄力思军民元帅府”。

清朝（1644—1911 年）时期，由理藩院（清末改为理藩部）主管西藏事务。1653 年和 1713 年清朝皇帝册封兴起于明末的格鲁派达赖世系和班禅世系，后来又建立金瓶掣签制度，完善了活佛转世制度。1727 年，清朝中央在西藏建立驻藏大臣制度。1751 年,乾隆皇帝授命七世达赖执政,建立噶厦,设噶伦四人。1793 年,颁布《钦定藏内善后章程二十九条》,加强了对西藏的管理。

中华民国(1912—1949 年)时期,中央政府继续对西藏实施主权管辖。1912 年,中央政府设立蒙藏事务局,1914 年改为蒙藏院,取代了清朝末年的理藩部职能,派驻藏办事长官履行驻藏大臣职权。1929 年,国民政府设立蒙藏委员会,行使对西藏的行政管辖。1940 年,国民政府在拉萨设立蒙藏委员会驻藏办事处。《中华民国国会组织法》规定了西藏地方民众参加选举的办法和被选举的议员直接参政的权利。十四世达赖和十世班禅的认定、坐床,均经当时的中华民国政府批准。

中国共产党从 1921 年诞生起就主张中国各民族平等团结,积极探索实现民族平等、解决民族问题的道路。1949 年中华人民共和国建立后,中国政府把坚持各民族一律平等、团结、互助、友爱和共同发展、共同繁荣作为解决民族问题、处理民族关系的基本原则。考虑中国的历史国情和近现代社会发展的实际条件,新中国在选择国家结构形式时,没有选择复合制的形式,而是选择了单一制的形式,确定在国家的统一领导下,在少数民族地区实行民族区域自治制度,保证少数民族在国家生活中享有当家作主的权利。

民族区域自治,是中国这样一个统一的多民族国家解决民族问题、处理民族关系的正确选择。中国的民族区域自治，是在国家统一领导下的自治，各民族自治地方都是国家不可分离的部分，各民族自治地方的自治机关都必须服从中央的领导。

同时，中国的民族区域自治制度又是中国社会主义制度的一个重要组成部分。在社会主义制度下，一切权力属于人民，国家保障广大人民的民主权利。各自治地方在国家生活中享有经济、政治、文化、社会、生态等自治权利，在自治地方有管理本地区事务的权利，这是社会主义民主在民族地区的具体体现。

在经历了 1951 年和平解放和 1959 年民主改革后，西藏于 1965 年成立自治区，正式建立起民族区域自治制度。在西藏实行民族区域自治制度，实现了统一和自治相结合、民族因素和区域因素相结合。这一制度既继承历史传统，又具有社会主义民主意义；既符合国家和西藏地方的历史传统，又符合各族人民的共同意志和根本利益。

目前，西藏自治区的人民代表大会和人民政府，既是自治机关，也是国家的一级地方政权机构，根据本地方的实际贯彻执行国家的法律政策。经过几十年的探索实践，在民族区域自治道路上，西藏自治区各民族人民实现了平等、团结、互助、和谐，这一制度得到了全国各族人民的衷心拥护。

四、保障人民当家作主

人民当家作主,是中国民族区域自治制度的核心和根本。实行民族区域自治制度,为西藏各族人民实现当家作主,真正成为国家和社会的主人,提供了制度性保障。

——西藏各族人民享有充分的选举权与被选举权

中国宪法规定,凡年满十八周岁的中华人民共和国公民,不分民族、种族、性别、职业、家庭出身、宗教信仰、教育程度、财产状况、居住期限,都有选举权和被选举权;但是依照法律被剥夺政治权利的人除外。同时,中国民族区域自治法对各民族代表人数、自治区人大常委会主任、人民政府主席等都做了规定。在西藏,各民族人民依法直接选举县(区)、乡镇人民代表大会的代表,这些代表又选举出席全国和自治区人民代表大会的代表。西藏人口较少的门巴族、珞巴族在全国人大及西藏各级人大中也均有自己的代表。

2012 年至 2013 年 1 月,在四级人大换届选举中,西藏全区有 94%以上的选民分别参加了县、乡直接选举。西藏现有各级人大代表 34264 名。其中,全国人大代表中藏族和其他少数民族代表占 66.7%,自治区人大代表中藏族和其他少数民族代表占70.2%。自治区十届人大常委会组成人员45名,其中藏族和其他少数民族24名,常委会主任、副主任14名,其中藏族和其他少数民族8名。西藏自治区成立至今,历任自治区人大常委会主任和自治区人民政府主席均为藏族公民。

西藏各族人民充分享有自主管理本民族本地区事务的权利。按照中国宪法规定,西藏自治区的自治机关依法行使省级地方国家机关的职权,同时依法行使自治权。西藏自治区人民代表大会享有制定自治条例和单行条例的权力。自治区成立以来,自治区人民代表大会作为自治区最高权力机构,代表西藏人民依法行使了自主管理本民族本地区事务的权利,听取审议自治区人民政府的工作报告,自治区人大常委会、高级人民法院、人民检察院的工作报告,对上述国家机关的工作进行监督;制定重要地方性法规,对自治区经济、社会发展中的重大事项作出决议决定;审查、批准自治区国民经济和社会发展计划、财政预决算;选举产生自治区人大常委会组成人员,自治区主席、副主席,自治区高级人民法院院长、人民检察院检察长等。

截至2015年7月,西藏自治区人大及其常委会制定、批准地方性法规和作出具有法规性质的决议、决定共300件,其中现行有效的地方性法规123件,具有法规性质的决议、决定148件,废止29件,内容涉及政权建设、经济发展、社会稳定、文化教育、语言文字、文物保护、生态环保等各个方面。政协西藏自治区委员会,每年对自治区人民政府的

《政府工作报告》《国民经济和社会发展计划报告》《财政预算报告》和自治区“两院”的工作报告进行协商讨论，先后组织委员参与西藏地方性法规（草案）的协商讨论，以全委会、常委会、主席会议、民主协商会议、专题座谈会议、委员视察、调研、提案及举办“经济发展论坛”等形式，为西藏自治区“八五”“九五”“十五”“十一五”“十二五”计划、规划的制定和实施提出意见和建议，代表西藏各界积极履行参政议政的职能。

中国民族区域自治法规定，上级国家机关的决议、决定、命令和指示，如有不适合民族自治地方实际情况的，自治机关可以报经该上级国家机关批准，变通执行或停止执行。如在执行全国性法定节假日的基础上，西藏自治机关还将“藏历新年”“雪顿节”等藏民族的传统节日列入自治区的节假日。根据西藏特殊的自然地理因素，西藏自治区将职工的周工作时间规定为35小时，比全国法定工作时间少5小时。1981年，西藏自治区人民代表大会常务委员会从西藏少数民族历史婚俗等实际情况出发，通过了《西藏自治区施行〈中华人民共和国婚姻法〉的变通条例》，将《婚姻法》规定的男女法定婚龄分别降低两岁，并规定对执行变通条例之前已经形成的一妻多夫和一夫多妻婚姻关系，凡不主动提出解除婚姻关系者，准予维持。结合西藏实际情况，自治区还先后制定实施了多项国家有关法律的变通条例和补充规定。其中包括《西藏自治区文物保护条例》《西藏自治区环境保护条例》《西藏自治区人民代表大会常务委员会关于严厉打击“赔命金”违法犯罪行为的决定》等多部地方法规。

——少数民族干部队伍不断成长壮大

中国宪法规定，民族自治地方的人民代表大会常务委员会中应当有实行区域自治的民族的公民担任主任或者副主任；自治区主席、自治州州长、自治县县长由实行区域自治的民族的公民担任。为了保障西藏各民族特别是少数民族依照宪法规定，充分行使当家作主的权利，自治区历来非常重视少数民族干部的培养和使用。1965 年自治区成立初期，全区只有 7600 多名少数民族干部；到 1976 年少数民族干部已发展到 1.68 万人；到 1986 年底，全区有 3.1 万名少数民族干部；到 1994 年底，有 4.4 万名少数民族干部；到 2014 年底，全区少数民族干部已有 11 万多人，与自治区成立之初相比增长 13 倍多，占全区干部总量的 70%以上。

目前，西藏自治区省级领导干部中有 33 名少数民族干部，地厅级干部中有 450 多名少数民族干部，地（市）、县（区）党政正职大部分由少数民族干部担任，乡镇（街道）党政班子中少数民族干部占 70%以上，全区各级党政机关中都依法配备了少数民族领导干部。在自治区十届人大代表、政协委员中，少数民族代表、委员均占到 70%以上。此外，还有一批优秀少数民族干部直接参与管理国家事务，在西藏十二届全国人大代表、全国政协委员中，藏族和其他少数民族均占 80%以上。十世班禅、阿沛·阿旺晋美、帕巴拉·格列朗杰、热地、向巴平措等先后担任国家级领导职务。

——平等团结互助和谐的民族关系不断巩固和发展

没有各民族间的平等团结,就没有各民族人民的当家作主。实现民族平等团结,是中国共产党民族理论和民族政策的基本出发点和落脚点。西藏自治区成立 50 年来,中央政府和自治区坚持实行民族平等团结互助和谐的政策,通过保障各族人民当家作主的权利、加强少数民族干部的培养使用、各民族自发的交往交流交融和全国支援西藏经济社会发展等,形成了各民族在社会主义大家庭中和衷共济、和睦相处、和谐发展的良好局面。

中央政府历来高度重视西藏的发展,十分关心西藏各族人民的福祉,举全国之力支援西藏,以优惠的政策和强大的人力、物力、财力支持,推动西藏的发展进步。从 1952 年到 2014 年,中央政府对西藏的各项财政补助达 6480.8 亿元,占西藏地方公共财政支出的 92.8%。1980 年以来,中央先后六次召开西藏工作座谈会,从中国社会主义现代化建设全局出发,对西藏的发展建设作出整体规划。从 1994 年第三次西藏工作座谈会开始,中央实施对口支援西藏的政策,安排 60 个中央国家机关、18 个省市和 17 家中央企业对口支援西藏。20 年来,先后有七批 4496 名优秀干部、1466 名专业技术人才进藏工作,实施援藏项目 7615 个,投入援藏资金 260 亿元,主要用于改善民生和基础设施建设,为西藏经济社会发展作出了重要贡献。

1990 年,西藏自治区党委、政府确定每年 9 月为“民族

团结月”。2010 年之前,自治区党委、政府先后召开了五次民族团结进步表彰大会,受到表彰的先进集体和个人达 1756 名,涌现出像孔繁森、李素芝等一大批民族团结先进典型。从 2012 年起,自治区各级党委、政府坚持每年召开一次民族团结进步模范表彰大会,共表彰模范集体 2089 个、模范个人 3224 名。2013 年,拉萨市成为创建“全国民族团结进步示范州(地区、市、盟)”试点。近年来,西藏军区军史馆、江孜宗山抗英遗址、自治区博物馆、西藏民族学院、拉萨海关先后被国家民委命名为“全国民族团结进步教育基地”。“汉族离不开少数民族、少数民族离不开汉族、各少数民族也相互离不开”的思想深入人心,“团结稳定是福、分裂动乱是祸”成为全社会的广泛共识。

五、大力增进人民福祉

在民族区域自治制度下，西藏经济社会发展不断迈上新台阶，实现了跨越式发展。经济的快速发展和社会的全面进步，使西藏各族人民得到实实在在的好处，人民的生存权和发展权得到有效保障，社会和谐安宁。

——现代化发展水平日益提高

西藏生产总值由1965年的3.27亿元增加到2014年的920.8亿元，增长281倍。1994年以来，西藏地区生产总值连续20年保持两位数增长，年均增速高达12.4%。1965年西藏地方财政收入仅为2239万元，2014年达到164.75亿元，年均增长高达14.46%，自我发展的能力不断增强。全区工业增加值由1965年的0.09亿元增加到2014年的66.16亿元，增长735倍，年均增长14.4%。第二产业增加值在地区生产总值中的占比由1965年的6.7%提高到2014年的36.6%。2014年，全区社会消费品零售总额达364.51亿元，比1965年的0.89亿元增长了409倍，以年均13.1%的速度递增；进出口总额达22.55亿美元，比1965年的0.07亿美元增长了321倍，年均增长12.5%。

藏医药业、民族手工业、绿色食饮品和新能源等特色产

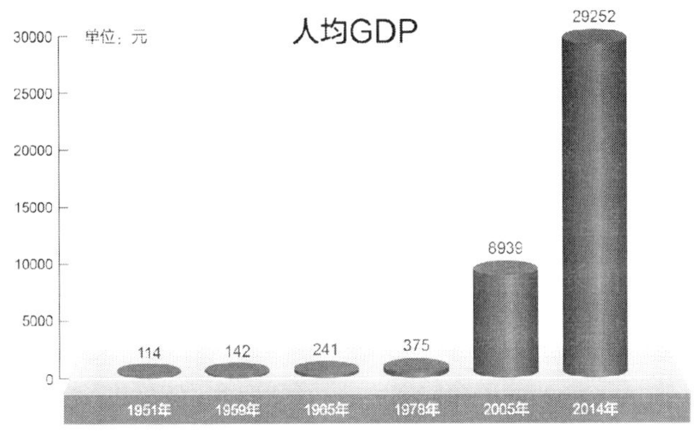

业得到优先发展。目前,7个产业带初步形成,建设农业标准化示范区20个,培育地市级以上农牧业产业化龙头企业95家。建工、矿业、旅游、藏药、商贸等九大集团相继组建。藏药产业初具规模,全区藏药企业18家,藏药品种360多个。天然饮用水产量突破30万吨,成为新的经济增长点。2014年接待游客1553万人次,比旅游业起步时的1980年增长4436倍,年均增长28.0%;实现旅游总收入204亿元,增长20400倍,年均增长32.8%。

以公路、铁路、航空为主的综合交通运输体系基本形成,交通更加便利。以拉萨为中心,东连四川、云南,西接新疆,北连青海,南通印度、尼泊尔,地市相通,县乡连接的公路交通网络基本建成。2014年底,全区公路通车里程达到7.5万公里,次高级以上路面里程达到8891公里,占12.6%。全区74个县中65个县通了柏油路,占88%;690

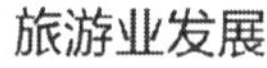

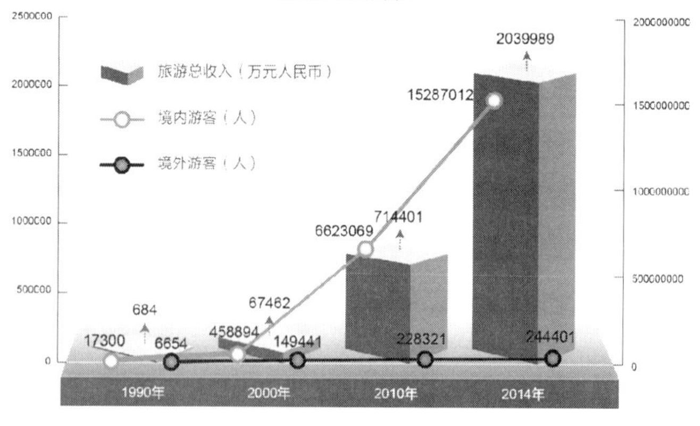

个乡镇通公路，通达率 99.7%；5408 个行政村通公路，通达率 99.2%。格尔木至拉萨、拉萨至日喀则铁路相继通车运营，拉萨至林芝铁路开工建设。组建了西藏航空公司，区内通航机场 5 个，8 家航空公司在藏运营，开通国内外航线 48 条，通航城市达 33 个，形成以拉萨贡嘎机场为中心，昌都邦达、林芝米林、阿里昆莎和日喀则和平机场为支线的五大民用机场网络。

以水电为主，地热、风能、太阳能等多能互补的新型能源体系全面建设。拉萨环网工程和输变电工程、青藏直流联网工程、川藏电网联网工程建成投入运行，结束了西藏电网孤网运行的历史；直孔电站、狮泉河电站、雪卡电站、羊八井地热电站、拉萨火力发电等应急电源项目建成发电，区内装机容量最大的水电项目藏木水电站发电，能源点建设加快推进。2014年全区电力装机规模达到169.7万千瓦，全年发电量32.2亿千瓦时。组织实施了那曲尼玛县、双湖县及阿里7县1镇无电地区电力建设项目，累计示范推广光伏系统3万套，建设光伏电站90座，太阳能路灯1200多盏，总装机容量8000千瓦。2012年底，实现行政村全部通电，基本解决无电人口用电问题。

以光缆、卫星、网络为主的现代通讯网络体系已逐步建立健全。现在的西藏已进入了卫星、光缆、网络、信息新时代。全区光缆线路长度达到9.7万公里，其中长途光缆线路为3万多公里，累计实现74个县、668个乡镇通光缆，乡镇通光缆率为97.8%；实现5261个行政村移动信号覆盖。全区互联网用户达到217.7万户，普及率为70.7%，农牧区移动互联网覆盖率达到65%以上。

——人民幸福指数大幅提升

城乡居民收入快速增长，人民生活更加充实富裕。2014年，城镇居民人均可支配收入达22016元，比1978年的565元增长38倍，年均增长10.7%；农牧民人均可支配收入7359元，年均增长10.9%。城镇化水平不断提升。1982年第三次人口普查时城镇人口所占总人口比重仅为9.48%，1990年提高到11.52%，2000年为19.43%，2010年达到22.67%。随着人民生活逐步富裕，消费结构开始多样化，冰箱、彩电、电脑、洗衣机、摩托车、手机等消费品进入了寻常百姓家。富裕起来的农牧民盖起了舒适宽敞的新房，有的还购买了汽车。广播、电视、通信、互联网等现代信息传递手段，与全国乃至世界同步发展，已经深入到人民群众的日常生活之中。在国家统计局、中国邮政集团公司和中央电视台联合举办的“CCTV 经济生活大调查”中，拉萨市连续 5 年被评为中国幸福指数最高的城市。

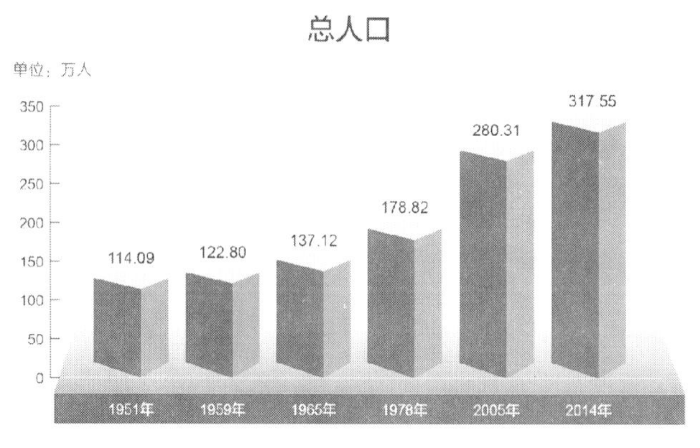

城乡居民居住条件得到极大改善。为改善城乡居民居住条件，西藏从 2006 年起在全国率先提出全区实施农牧民安居工程，到 2013 年，全区累计投资 278 亿元，完成 46.03 万户的农牧民安居工程建设，使 230 万农牧民群众住上了安全适用的房屋，农牧民人均居住面积达到 30.4 平方米，生活条件得到历史性改善。自治区不断加大对周转房建设的投入力度，共建设周转房 66076 套，总建筑面积 404.42 万平方米，总投资 88.09 亿元。积极实施拉萨供暖工程，自 2012 年开工以来，建成燃气主干管网 63 公里、燃气次干管网 256 公里、庭院管网 1200 余公里，已完成居民小区及单位供暖项目建设768个、10.7万户、2136万平方米，拉萨城区基本实现供暖全覆盖，彻底结束了祖祖辈辈靠烧牛粪取暖的历史。

农牧民人居环境整洁美丽。大力实施水、电、路、气、通讯、邮政、广播电视、优美环境“八到农家”工程，基本解决农牧民的安全饮水问题。实现了村村通电话、村村通广播电视、乡乡通宽带，完成4500个行政村人居环境建设，近24万户农牧民用上了清洁的沼气能源，农牧区碘盐覆盖率达到95%以上。2010年，自治区按照“清洁水源、清洁田园、清洁家园”的要求，开展人居环境和综合环境整治工作。截至目前，已完成投资44亿元，实施4500个行政村村容村貌及环境整治。

贫困人口大幅减少。2006—2014年实施贫困户、大骨节病搬迁和“兴边富民行动”，使11.63万户贫困群众人均住房面积增加了20%—30%。昔日许多低矮、阴暗、人畜混杂居住的土坯房变成了安全适用的住房。扶贫开发项目的实施，使57.8万户、260万人受益。新修和维修乡村道路3223公里，水渠3371.6公里、水塘347座232.94万立方米，新增和改善灌溉面积30万亩，新建农用桥883座、12834米，温室4583座，棚圈3.5万套。改良天然草场、草场围栏、人工种草28.78万亩，贫困地区生态环境进一步改善。农牧民收入明显增加，2003年以来连续12年保持了两位数增长。生活在每人每年2300元(2010年不变价)的国家农村扶贫标准下的全区农村贫困人口由2010年的

117 万人减少到 2014 年底的 61 万人，累计减少贫困人口 56 万人。贫困人口占全区农牧民人口比例，由 2010 年的 49.2%下降至 2014 年的 23.7%。2006 年以来，直接、间接落实强农惠农补贴资金累计达到 706.36 亿元，落实粮食直补资金 1.89 亿元，落实农资综合补贴 3.58 亿元，落实家电、家具下乡补贴资金 3.4 亿元。这些补贴政策提高了农牧民群众收入，提高了农牧民的购买能力，提升了农牧民的生活品质。

社会保障事业不断迈上新台阶。实施积极的就业政策，就业率保持较高水平。2014 年，西藏城镇登记失业率控制在 2.5%以内，新增就业 4.3 万人，提供高校毕业生公职岗位 1.1 万个，各援藏省市和中央企业共提供就业岗位 5335 个，1500 多名高校毕业生实现了区外就业，全区公益性岗位总量达 3 万个，通过公益性岗位安置就业 26018 人，2500 多户零就业家庭实现了动态消零，就业形势稳定。近年来，覆盖城乡居民的社会保障体系全面建立。继续加强“五大险种”保障制度，完善城乡居民社会养老保险制度，扩大最低生活保障，实施免费意外保险，建立了寺庙僧尼基本养老和医疗保险制度，全区各项社会保险参保达 260.6 万人次。企业退休职工基本养老金月人均水平达 3338 元，居全国前列。城市居民最低生活保障标准提高至每月 534 元，农村低保标准提高至每年 2231 元，五保户供养标准提高至每年 3873 元，分散供养标准提高至每年 3874 元，集中收养孤儿基本生活保障标准达到月人均 1200 元。及时发放城乡困难群众慰问金。2013 年底，全区各类社会福利机构共有 263 个，公办儿童福利院 8 所，民办儿童福利院 2 所。72%有意愿的五保对象实现集中供养，5900 多名孤儿得到有效救助。

医疗卫生事业快速发展。目前，西藏已经建成了中、西、藏医结合，以拉萨为中心、遍布城乡的医疗卫生网。以免费医疗为基础的农牧区医疗制度覆盖全体农牧民，全区已建成 71 个县医院和 678 个乡镇卫生院，覆盖城乡的医疗卫生服务体系逐步完善。2014 年底，全区医疗卫生机构发展到 1430 所，每千人病床数和卫生技术人员数分别达到 3.79 张和 4.08 人，建成了覆盖县乡村三级的医疗卫生网络。城镇职工、城镇居民基本医疗保险年度最高支付限额分别提高到 30 万元、20 万元。城镇居民基本医疗保险财政补助标准提高到年人均 380 元，政策范围内住院费用支付比例达到 75%左右。农牧民人口 100%被纳入到以免费医疗为基础的医疗保障体系之中，农牧区医疗政府补助标准达到年人均 420 元，最高报销补偿限额达 6 万元，政策范围内报销补偿比例达到 80%以上。寺庙僧尼等人群全部纳入基本医疗保险范围。取消了医疗救助起付线，率先在全国实现了医疗救助城乡一体化和社会全覆盖。对城乡居民实施免费健康检查，城乡居民健康档案建档率达 99%。2013 年，孕产妇死亡率和婴儿死亡率分别下降到 154.51/10 万人和 19.97‰。人均寿命由 20 世纪 50 年代的 35.5 岁增加到 68.17 岁。全区实现了基本消除碘缺乏病目标。

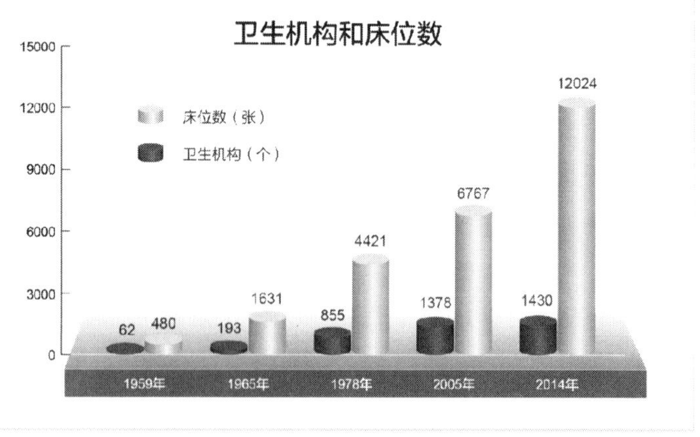

——各项社会事业全面发展

教育事业日新月异，实现学有所教。全区所有县（区）全面完成普及九年义务教育，一个涵盖学前教育、基础教育、职业教育、高等教育、成人教育、特殊教育的比较完整的现代教育体系已经形成。实现了从学前到高中阶段 15 年免费教育，农牧区义务教育学生营养改善计划全面落实，政策和资金覆盖率均达到 100%。“三包”（包吃、包住、包学习费用）政策覆盖学前教育到高中阶段所有农牧民子女和城镇困难家庭子女，且不断提高标准，年生均标准已提高到 3000 元。全面启动实施城镇三年、农牧区两年学前双语教育工程。2014 年底，幼儿园在园幼儿达 8 万多人，学前教育毛入园率达 60%。2014 年底，全区拥有普通高等院校 6 所；中等职业学校 9 所，在校生 1. 7 万人；高级中学 22 所，完全中学 4 所，初级中学 93 所，十二年和九年一贯制学校各 3 所,小学 829 所。小学适龄儿童入学率达到 99.64%,青壮年文盲率下降至 0.57%以内,人均受教育年限达到 8.6 年,新增劳动力受教育年限达到 12 年以上。1984 年,中央政府作出“在内地为西藏办学培养人才”的重大战略决策,现有 21 个省市办有西藏班(校),已累计为西藏培养了大中专毕业生 3.2 万余人。目前西藏不仅有了自己培养的硕士、博士,而且有了一批享誉全国的专家、学者,逐步建立了近 30 个科研院所,有各类专业技术人员 69709 人,学科领域涉及历史、经济、人口、语言、宗教和农业、畜牧、林业、生态、生物、藏医药、盐湖、地热、太阳能等数十个门类。其中,藏学、高原生态、藏医药等学科研究在全国处于领先水平,产生了一批有世界影响的学术成果。

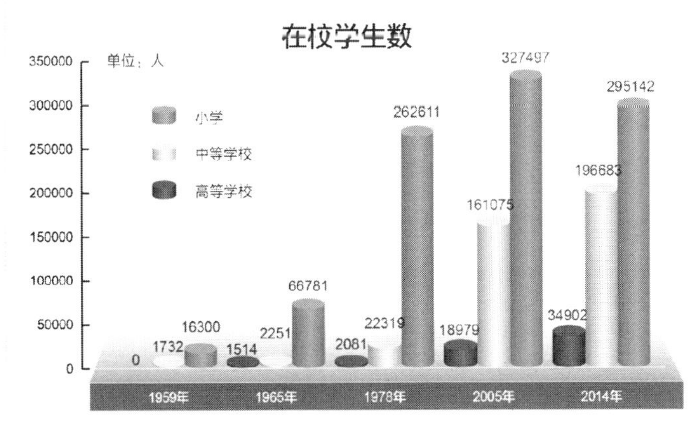

公共文化服务覆盖城乡,人们精神生活不断丰富。全区已建成群众艺术馆 8 座、公共图书馆 5 座、博物馆 3 座,

建成县综合文化活动中心74座，乡镇综合文化站692座，建成文化信息资源共享工程自治区分中心、7个地市支中心、74个县支中心、692个乡镇基层点、5389个村基层点，区、地、县、乡四级公共文化设施网络初步形成。投资近13亿元的“十二五”文化设施建设项目全面推进，到2015年底，西藏将基本实现“地市有公共图书馆和文化馆，馆藏文物丰富地区有博物馆，县县有图书馆、文化馆或综合性文化活动中心，乡乡有综合文化站，53%的县国有艺术团有排练场”目标，公共文化设施总量将达到790个。建成1600余个文化广场，形成拉萨雪顿节等群众性、常态化品牌文化活动90个。全面启动了公共设施的免费开放工作，近5年来，全区公共文化设施共开展免费群众文化活动4万余场，受益群众达到800余万人次。全区专业文艺团体和县民间艺术团年均下乡演出近1万场次，送书下乡10万余册。

新闻出版事业迅速发展，文化产品日益丰富。西藏人民出版社、西藏藏文古籍出版社累计出版各类图书(教材)19052种、2.8263亿册。西藏音像出版社、雪域音像电子出版社2014年出版音像电子产品115种37.96万盘。报纸、期刊分别发展到25种、35种。全区出版发行单位发展到576家，其中区、地、县新华书店89家，边境口岸新华书店5家，民营发行网点482家。2014年全区共发行图书约3395万册，图书销售码洋3.23亿元。全区印刷企业38家，其中规模以上重点印刷企业1家。2014年全区印刷业总产值3.6亿元。目前，全面建成5609个农家书屋、1700多个寺庙书屋，实现所有行政村有农家书屋、寺寺有寺庙书屋，有效解决了农牧民群众和寺庙僧尼读书难、用书难问题。

广播影视事业得到长足发展。已累计新建、改扩建100瓦以上调频转播台78座，50瓦以上电视转播发射台78座，中波广播发射台27座，卫星地球站1座，村村通广播电视站9371座，全区所有的1787座寺庙实现了广播影视全覆盖。目前，有省级广播电台1座5个频率，听众遍及世界50个国家和地区；有省级电视台1座4个频道，其中，藏语卫视已在尼泊尔、印度、不丹等周边国家部分落地，全台节目实现数字化，覆盖全国人口7亿多人；有地市级广播电台6座，电视台1座。目前，全区广播、电视综合覆盖率由1965年的12%和0%提高到现在的94.78%和95.91%，90%以上农牧户实现了“户户通”。通过直播卫星接收设备，农牧民每家每户能够收听收看到40至70多套数字广播电视节目。目前，全区共有566个电影机构，其中478个农村电影放映队全部实现数字化放映。

六、保护和弘扬优秀传统文化

在漫长的历史发展过程中，藏族人民创造了辉煌的藏文化。藏文化丰富了中华文化，是中华文化的重要组成部分。自治区成立50年来，在尊重、保护、传承和弘扬藏民族优秀传统文化方面，做了大量工作，取得显著成就。当今西藏，在传统与现代的交融中，藏文化不断焕发出新的活力。

藏语文的学习使用得到有效保护。《中华人民共和国宪法》和《中华人民共和国民族区域自治法》均明确规定，各民族都有使用和发展自己的语言文字的自由。西藏学校教育全面实行藏汉双语教育，藏语文在学习中传承。目前，农牧区和部分城镇小学实行藏汉语文同步教学，主要课程用藏语授课。中学阶段开设藏语文课（包括内地西藏中学），其他课程用汉语文授课。在高校和中等专业学校的招生考试中，藏语文作为考试科目，成绩计入总分。学前、中小学现有双语教师30642人，中小学校有藏语专任教师约5800人。西藏自治区已编译完成从小学到高中共13门学科的821种课本、410种教学参考书、56种教学大纲或课程标准和73种教学辅助用书。藏语文在使用中得到弘扬。自治区大型会议和行文坚持使用藏汉两种文字，司法机关在执法、法治宣传等工作中着重使用藏语文，农牧、科技等涉农部门也加强藏语文的使用。2014 年，西藏人民出版社、西藏藏文古籍出版社出版各类图书 547 种、1302.5 万册，其中藏文图书种数占比超过 80%；共有 14 种藏文期刊、11 种藏文报纸出版发行。目前，西藏人民广播电台共开办有 42 个藏语（包括康巴话）节目（栏目），藏语新闻综合频率每天播音达 21 小时 15 分钟，康巴话广播频率每天播音 18 小时，西藏电视台藏语卫视实现了 24 小时滚动播出。此外，藏语文在邮政、通讯、交通、金融等领域中也得到了广泛使用，有力地推动了全区经济社会的快速发展。

优秀传统文化得到保护传承。国家建立了西藏大学、西藏民族大学、藏医学院、中国藏学研究中心、西藏社会科学院、天文历算研究所等一批教育培训基地和门类齐全的研究机构。几十年来，西藏先后组织了大规模、有系统的普查、搜集、整理、研究和出版工作，收集各种音乐（歌曲）、曲艺一万多首，文字资料 3000 多万字，录制了大量音像资料，拍摄图片近万幅，发表有关藏民族传统文化学术论文 1000 多篇，整理出版了《中国戏曲志·西藏卷》《中国民族民间舞蹈集成·西藏卷》《中国民族民间器乐曲集成·西藏卷》等 10 大文艺集成志书和文艺研究专著 30 多部，抢救、整理、出版藏文古籍 261 部，诸多濒临灭绝的民族民间文化得到全面抢救和有效保护，重新焕发出光彩。2005 年西藏非物质文化遗产普查与保护工作正式启动以来，中央政府和西藏投资近 2 亿元，对藏戏、格萨尔、传统歌舞、手工技艺等重要非物质文化遗产进行了全面保护，基本形成了国家、自治区、市、县四级非物质文化遗产名录体系。目前，西藏各类非物质文化遗产项目1000余项，涵盖了非物质文化遗产包含的10个资源种类。其中，藏戏和《格萨尔》史诗入选联合国教科文组织人类非物质文化遗产代表作名录，国家级非物质文化遗产项目89个，国家级生产性保护示范基地4个，自治区级项目323个，代表性传习场所113处。国家级代表性传承人68名，自治区级传承人350名。国家珍贵古籍158部，全国古籍重点保护单位4个。“中国民间文化艺术之乡”4个，“西藏自治区民间文化艺术之乡”65个。拉萨雪顿节、山南雅砻文化节等一大批群众性文化传统节庆得到恢复和创新，成为地域性民族文化品牌。

文物得到有效保护。50年来，国家不断加大对西藏文物保护的投入力度，重点实施了西藏自治区所辖的文物保护单位文物保护维修工程，及时修缮和保护了大批文物。投资10亿余元的“十二五”46项重点文物维修保护项目，目前进展顺利。《西藏自治区文物保护条例》《西藏自治区布达拉宫保护管理办法》等一批文物保护地方性法规陆续出台。西藏重要历史和革命文物发掘工程有效加强，第三次全区不可移动文物普查工作全面完成，共调查录入近现代重要史迹及代表性建筑物241处，各类文物点4277处。首次可移动文物普查工作全面启动，初步统计，全区可移动文物将达数百万件。野外文物看管人员得到落实，全区文物安全进一步加强。贝叶经普查保护和研究工作取得阶段性成果,《西藏自治区珍藏贝叶经总目录》《西藏自治区珍藏贝叶经影印大全》等陆续整理出版。目前,全区有世界文化遗产 1 处 3 点,国家重点文物保护单位 55 处,自治区级文物保护单位 391 处,市县级文物保护单位 978 处,国家历史文化名城 3 座。

七、尊重和保护宗教信仰自由

中国宪法规定,宗教信仰自由是公民的一项基本权利。在今天的西藏,多种宗教并存,既有藏传佛教、苯教,也有伊斯兰教、天主教等。在藏传佛教内部,还存在不同教派。经过民主改革,西藏废除了政教合一制度,实行政教分离,恢复宗教的本来面目。多年来,中央政府和西藏自治区政府,充分尊重公民的宗教信仰自由权利,各种宗教、各个教派都平等地得到尊重和保护,正常的宗教活动和宗教信仰依法受到保护。

宗教活动得到尊重和保护。目前,西藏有各类宗教活动场所1787处,住寺僧尼4.6万多人。西藏自治区和7个地市均设有佛教协会,中国佛协西藏分会办有西藏佛学院、藏经文印经院和藏文会刊《西藏佛教》。藏族和其他各少数民族都按照自己的宗教传统过宗教生活,进行社会宗教活动。在西藏自治区,各大宗教的各种传统节庆活动正常进行,大型宗教活动如转神山神湖活动、萨噶达瓦节、展佛节、跳神节、朝觐等40多种群众性重大宗教节庆活动得以保护和继承。信教群众家中几乎都设有小经堂或佛龛。每年到拉萨朝佛敬香的信教群众达百万人次。在西藏到处可以看到善男信女悬挂的经幡，以及堆积的刻有佛教经文的嘛呢堆。各大寺院内常年挤满了磕长头、转经、朝佛的信教群众。西藏信教群众享受开展正常宗教活动的充分自由。为满足不同信教群众的宗教需求，目前西藏还有清真寺4座，天主教堂1座。这些宗教也依法得到了尊重和保护，依法依规开展正常宗教活动，与其他宗教平等和谐相处。

藏传佛教文化得到尊重和保护。中央和西藏自治区政府始终把藏传佛教文化作为中华民族传统文化的重要组成部分，一直以来给予有效保护，不断加强对宗教典籍的收集、整理、出版和研究工作。中央政府支持4000多万元，组织上百名藏文专家，历时20余年，完成了对藏文大藏经《甘珠尔》《丹珠尔》的校勘出版。20世纪90年代以来，藏文《中华大藏经·丹珠尔》（对勘本）《藏汉对照西藏大藏经总目录》《因明七论庄严华释》《慈氏五论》《释量论解说·雪域庄严》等陆续整理出版。已经印出《甘珠尔》大藏经达1490多部，还印出大量藏传佛教的仪轨、传记、论著等经典的单行本，供给寺庙，满足僧尼和信教群众的学修需求。宗教研究机构、高僧、学者的有关佛教专著，如《贝叶经的整理、研究》《西藏拉萨现存梵文贝叶经的整理》《西藏宗教源流与教派研究》《活佛转世制度》《郭扎佛教史》《西藏苯教寺庙志》《中国藏传佛教寺庙》《西藏佛教寺院壁画艺术》等，都正式出版发行。

寺庙得到维修和保护。20世纪80年代以来，国家每年都拨专项资金和黄金、白银等用于寺庙的维修、修复和保护。20世纪80年代以来，中央政府累计投入14亿多元对西藏文物和重点寺庙进行了大规模维修。国家资助专款670万元、黄金111公斤、白银2000多公斤及大量珠宝，修复了五世至九世班禅灵塔祀殿。为修建十世班禅灵塔祀殿，国家一次就拨专款6620万元、黄金650公斤。1994年，国家又拨款2000万元，继续修复甘丹寺。从1995年开始，中央财政通过国家重点文物保护专项资金，对西藏布达拉宫、罗布林卡、萨迦寺等列入国家重点文物保护单位名单的寺庙维修与保护予以积极支持。

活佛转世有序进行。活佛转世制度作为西藏宗教特有的信仰和传承方式，得到国家和西藏自治区各级政府的尊重，国家制定出台了《藏传佛教活佛转世管理办法》。1995年，西藏自治区按照宗教仪轨和历史定制，经过金瓶掣签，报国务院批准，完成了第十世班禅大师转世灵童的寻访、认定以及第十一世班禅的册立和坐床。据最新统计，西藏现有活佛358名，其中60多位新转世活佛按历史定制和宗教仪轨得到认定。

藏传佛教僧人学经制度不断完善。自治区制定出台《办好西藏佛学院分院的意见》《西藏佛学院学衔授予办法（试行）》，在北京和拉萨分别建有中国藏语系高级佛学院和西藏佛学院，作为藏传佛教高级宗教人才培养基地，系统招收培养藏传佛教教职人员。西藏60多座各教派寺庙开办有寺庙自办的学经班，完全按照传统习惯进行宗教学修和学位学衔的考核晋升。2005年开始，每年在北京中国藏语系高级佛学院举行藏传佛教“拓然巴”高级学衔考试和授予仪式，在大昭寺和拉萨三大寺进行格西“拉让巴”学位考试。截至目前，已有84名学经僧人获得了格西“拉让巴”学位，46名僧人获得了中国藏语系高级佛学院“拓然巴”高级学衔。

八、推进生态文明建设

西藏是中国重要的生态安全屏障。多年来,西藏自治区政府遵循经济规律、社会规律和自然规律,注重经济、社会、生态的和谐统一,坚持走可持续发展之路。近年来,自治区政府提出了建设西藏生态安全屏障以及建设生态西藏、美丽西藏的战略目标,对西藏的生态环境保护与建设进行全面规划和部署。

西藏生态安全屏障保护与建设规划全面实施。2009年2月18日国务院第50次常务会议审议通过了《西藏生态安全屏障保护与建设规划(2008—2030年)》(以下简称《规划》),提出投资155亿元,到2030年基本建成西藏生态安全屏障。截至目前,共落实投资56.46亿元,《规划》确定的天然草地保护工程、森林防火及有害生物防治工程、野生动植物保护及保护区建设工程、重要湿地保护工程、农牧区传统能源替代工程、防护林体系建设工程、人工种草与天然草地改良工程、防沙治沙工程、水土流失治理工程、生态安全屏障监测工程3大类10项工程得到全面实施。

生物多样性与重要生态功能区得到有效保护。目前,西藏已建立各级各类自然保护区47处,总面积41.22万平方公里，约占全区国土面积的34.35%。建立生态功能保护区22个（国家级2个）、国家级风景名胜区4个、国家森林公园9个、国家湿地公园10个、地质公园4个（国家级3个），使西藏拥有的141种国家重点保护野生动物、38种国家重点保护野生植物和196种西藏特有动物物种、855种西藏特有植物物种以及重要生态系统得到了有效保护。西藏大中型野生动物种群数量居全国前列，藏羚羊种群数量由1995年的5万—7万只上升到目前的20万只以上，黑颈鹤由1995年的1000—3000只上升到目前的7000只左右，野牦牛、藏野驴等珍稀濒危野生动物种群数量稳中有增。

林业和草原生态建设成效显著。据2014年第八次全国森林资源清查结果，西藏森林覆盖率已达11.98%，森林面积1471.56万公顷，森林蓄积量22.62亿立方米，天然林蓄积22.61亿立方米、乔木林单位面积蓄积267立方米/公顷、重点公益林面积1011.27万公顷。西藏已经创造了人均森林面积、森林蓄积、天然林蓄积、乔木林蓄积、重点公益林面积5项指标全国第一。第四次与第三次全国荒漠化和沙化监测结果比较，西藏荒漠化土地减少了7.89万公顷，沙化土地减少了6.57万公顷，全区荒漠化和沙化土地扩展趋势得到遏制并首次出现逆转。截至2014年底，西藏有天然草地面积8433万公顷，其中可用天然草地面积7067万公顷。

生态补偿试点工作深入推进。中央在西藏实施森林、草地等生态补偿政策，每年全区落实各类补偿资金40余亿元。国家制定《西藏自治区森林生态效益补偿基金管理办法》,从2010起,中央财政每年安排森林生态效益补偿资金7.72亿元,对全区生态公益林实施补偿。在2009—2010年5个县开展草原生态保护奖励机制试点工作的基础上,2011年开始在全区74个县区全面实施草原生态保护补助机制政策,每年落实补助奖励资金20.0981亿元,既保护了草原生态环境,又促进了农牧民增收。国家实施了重点生态功能保护区转移支付政策,将西藏18个县纳入了国家重点生态功能区转移支付范围,2014年落实资金10.83亿元。这些措施有效保护了国家和自治区重点公益林、基本草原及重要生态区域。

生态文明制度建设先行先试。2014年,国家发展和改革委员会等六部门联合印发了《关于开展生态文明先行示范区建设(第一批)的通知》,西藏山南地区、林芝地区被列为首批生态文明先行示范区,将着力在独立进行环境监督和行政执法、完善污染物排放许可制和企业单位污染物排放总量控制制度、建立生态环境损害赔偿责任终身追究制等方面先行先试,探索自然生态资源丰富、生态区位重要、边疆民族贫困地区生态文明建设的有效模式。

中科院和相关部门的监测评估显示,西藏高原各类生态系统结构整体稳定,生态质量稳定向好。西藏生态系统类型拥有除海洋生态系统之外的所有陆地生态系统类型,仍然是中国和全球重要的生物物种基因库和生物多样性保护重点地区。水、气、声、土壤、辐射及生态环境质量均保持良好状态，全区的江河、湖泊、森林、草场、湿地、冰川、雪山和野生动植物等都得到了有效保护，大部分区域仍处于原生状态。

结 束 语

过去的50年，在中国共产党和中央政府的坚强领导下，通过实行民族区域自治制度，西藏从落后走向进步，从贫穷走向富裕，从封闭走向开放，社会制度实现了历史性跨越，社会面貌发生了翻天覆地的变化。实践充分证明，实行民族区域自治制度，是西藏历史发展和社会进步的客观要求，符合西藏各族人民的根本利益。民族区域自治制度，完全适合中国国情和西藏地方的实际，是西藏发展进步的正确选择。

实行民族区域自治制度，使西藏各族人民实现了当家作主，享有充分的民主权利和广泛的经济社会文化权利。然而，多年来，十四世达赖集团出于“西藏独立”的政治目的，不断鼓吹“中间道路”，大肆兜售“大藏区”“高度自治”，否定民族区域自治制度，否定在民族区域自治制度下西藏的发展进步。十四世达赖集团的分裂行径，完全违背了中国宪法和中国国家制度，极大损害了西藏各族人民的根本利益，遭到了包括西藏各族人民在内的全体中国人民的坚决反对，注定逃脱不了失败的命运。

当前，西藏各族人民正与全国人民一道，为全面建成小康社会、实现中华民族伟大复兴的中国梦而奋斗。随着中国特色社会主义建设事业的不断发展,民族区域自治制度必将进一步发展和完善,西藏各族人民必将在更高的起点上谱写当家作主的新篇章。

图书在版编目(CIP)数据

民族区域自治制度在西藏的成功实践/中华人民共和国国务院新闻办公室 著.-北京:人民出版社,2015.9
ISBN 978-7-01-015226-4

Ⅰ.①民… Ⅱ.①中… Ⅲ.①民族区域自治-成就-西藏 Ⅳ.①D633.2

中国版本图书馆 CIP 数据核字(2015)第 211762 号

民族区域自治制度在西藏的成功实践
MINZU QUYU ZIZHI ZHIDU ZAI XIZANG DE CHENGGONG SHIJIAN
(2015 年 9 月)

中华人民共和国国务院新闻办公室

人民出版社 出版发行
(100706 北京市东城区隆福寺街 99 号)

北京新华印刷有限公司印刷 新华书店经销

2015 年 9 月第 1 版 2015 年 9 月北京第 1 次印刷
开本:850 毫米×1168 毫米 1/32 印张:1.75
字数:32 千字

ISBN 978-7-01-015226-4 定价:5.50 元

邮购地址 100706 北京市东城区隆福寺街 99 号
人民东方图书销售中心 电话 (010)65250042 65289539